Inhalt

Budgetieren ohne Budget - Beyond Budgeting

Kernthesen

Beitrag

Fallbeispiele

Weiterführende Literatur

Impressum

Budgetieren ohne Budget - Beyond Budgeting

M. Westphal

Kernthesen

- Der traditionelle Budgetierungsprozess hält die Mitarbeiter davon ab, Verantwortung zu übernehmen
- Der herkömmliche Budgetierungsprozess weist zahlreiche Probleme auf, unter anderem seine hohe Starrheit
- Weg mit dem Budgetieren, hin zu Beyond Budgeting
- Die Kritiker zu Beyond Budgeting sagen, dass es sich eigentlich um keine Revolution handelt

Beitrag

Der traditionelle Budgetierungsprozess hält die Mitarbeiter davon ab, Verantwortung zu übernehmen

In den 20er Jahren wurde der Budgetierungsprozess als Instrument von Kosten und Finanzflüssen in großen Industrieunternehmen eingeführt. In den 60er Jahren wurden dann daraus fixierte Leistungsvereinbarungen, was nicht nur dazu genutzt wurde, das Einhalten bestimmter Vorgaben zu kontrollieren, sondern auch das Handeln der Mitarbeiter auf allen Ebenen zu diktieren. Anfang der 70er Jahre nutzte eine neue Generation von Führungskräften, die in der höheren Kunst der Finanzplanung geschult war, sich bei der Steuerung der Leistungssteigerung auf finanzielle Ziele und Anreize zu stützen. Die jährlich festgeschriebenen Pläne und Budgets und das unerbittliche Beharren auf ihrer Einhaltung, erstickte die Innovation und bremste dadurch das Vermögen der Unternehmen, auf den in den 80er und 90er Jahren aufgekommenen Gewinn- und Kostendruck zu reagieren, hervorgerufen durch die Forderungen institutioneller

Aktionäre, dem Eindringen ausländischer Produzenten und der allgemeinen Verschärfung des Wettbewerbs. Das Hauptaugenmerk lag in der Einhaltung der Absatzziele, statt im Befassen mit den Bedürfnissen der Kunden. Letztendlich setzte sich bei vielen Unternehmen die Erkenntnis durch, dass die Budgetierung mitentscheidend war für das Festlegen und Fördern kultureller Normen, welche die Mitarbeiter an der unmittelbaren Front davon abhielten, Verantwortung für Leistung zu übernehmen. Somit begannen einige Firmen damit, auf den traditionellen Budgetierungsprozess zu verzichten. (1)

Probleme des herkömmlichen Budgetierungsprozesses

Heute beginnt der traditionelle Budgetierungsprozess mindestens vier Monate vor Beginn des folgenden Geschäftsjahres. Sämtliche Abteilungen, Geschäftsbereiche und Kostenstellen erhalten ihre Budgetformulare, in denen bottom-up die voraussichtlichen Verkaufszahlen, Gewinne und Investitionen an die Geschäftsleitung gemeldet werden müssen. Das Management prüft diese Prognosen sorgfältig und der Budgetplan wird nach mehreren Verhandlungsrunden fertig gestellt. Dieser detaillierte Plan regelt sämtliche Finanz- und Sachmittel, die den Betriebseinheiten von der Zentrale zur Verfügung gestellt werden, sowie die gemachten Versprechungen und Verpflichtungen und den Einfluss von Zielverfehlungen (positiv wie negativ) auf das Gehalt der entsprechenden Mitarbeiter. Regelmäßige Berichte über den Fortschritt beim Erreichen der Ziele werden von der Geschäftsleitung erwartet. (1)

Vertriebsleute von hierarchisch geführten Unternehmen geben kaum schlechte Nachrichten nach oben weiter, da das unvermeidliche Ergebnis Rügen sind, ebenso werden aber gute Nachrichten auch nicht kundgetan, da die entsprechende Belohnung nur in der Setzung noch ehrgeizigerer Ziele steckt. Führungskräfte, die auf Budgets verzichten, können die ganze Kraft der modernen Informationssysteme und Managementinstrumente nutzen. (3)

Probleme in einer an festen Budgets ausgerichteten Organisation ergeben sich insbesondere auch in der Setzung der richtigen Messgrössen und der genauen Definition dieser. So führt eine kundenorientierte Messgröße, die feststellt, ob eine E-Mail innerhalb 24 Stunden nach dem Öffnen beantwortet ist, dazu, dass E-Mails überhaupt nicht geöffnet werden. Werden für zwingend notwendige Entlassungen diese nach

Kopfzahlen und nicht nach eingesparten Kosten gerechnet, so werden tendenziell die Mitarbeiter aus den unteren Rängen gefeuert und damit das Unternehmen gelähmt, ohne viel Geld zu sparen. (2)

Weg mit dem Budgetieren, hin zu Beyond Budgeting

Die radikale Forderung der Reformer des "herkömmlichen" Controllings lautet: "Weg mit den Budgets!" Die propagierten Vorteile liegen darin begründet, dass die Unternehmen endlich nicht mehr in einer zentralisierten Hierarchie gesteuert würden, sondern in ein Netzwerk verwandelt würden, welches sich flexibel den Marktbedingungen anpasst. (1)

Beyond Budgeting entstand zur Hochzeit des Börsen-Booms Ende der 90er Jahre in den USA. Die Steuerung der Unternehmen anhand traditioneller Budgetierung und starrer Vorgaben erwies sich in einer dynamischen Wirtschaft zunehmend als problematisch. Die Unternehmen sollten ihre Flexibilität steigern, indem auf zentral vorgegebene und kontrollierte feste Budgets und Ziele verzichtet werden sollte. Dieses sei zu schwerfällig, zu kurzfristig ausgerichtet, zu wenig innovativ und zu teuer. Wichtige Einflussfaktoren wie Kunden und

Wettbewerber blieben außer acht. Durch Beyond Budgeting nimmt die Eigenverantwortung der operativen Manager zu, ein leistungsorientiertes Klima, gemeinsame Werte, dezentrale Ergebnisverantwortung, Planungsermächtigung und Transparenz werden erhöht. (3)

Sofern nicht mehr mit Budgets gesteuert wird, treten andere Ziele und Maßzahlen in den Vordergrund. Dieses können finanzielle sein, wie Kosten-Nutzen-Verhältnisse, aber auch nicht-finanzielle, wie etwa das Tempo, mit dem Entwickler neue Produkte marktreif machen.
Unternehmen, die derartige Leistungsstandards nutzen, haben kleinere und zahlreichere Geschäftsbereiche, die sich unternehmerischer verhalten. Jede unternehmerische Organisationseinheit muss sich auch mit das "eigene" Geschäft betreffenden Strategien auseinandersetzen. Von den Mitarbeitern wird etwas weitaus Schwierigeres gefordert, als ein festgelegtes Ziel zu erreichen. Die Mitarbeiter müssen einem Phantom hinterher jagen und ihre eigenen Leistung mit jenen messen, die vergleichbare Gruppen innerhalb und außerhalb des Unternehmens im selben Zeitraum und unter gleichen wirtschaftlichen Bedingungen erbringen. Aufgrund der Ungewissheit während der Periode, was andere in diesem Zeitraum erreichen, müssen sie all ihre Energie und

Geschicklichkeit einsetzen, um besser als die Mitstreiter zu sein.

Durch die Abschaffung von Budgets, die letztlich ein heiliges, aber leeres Versprechen an die Investoren darstellen, wird Managern die Freiheit verliehen, einem breiten Spektrum an Informationen die nötige Aufmerksamkeit zu schenken. Budgets determinieren nicht mehr die Ressourcenverteilung, bzw. was die Geschäftsbereiche zu tun und zu verkaufen haben. Die selbstregulierenden Funktionen des Budgets werden durch zentrale Leistungsindikatoren (Key Performance Indicators, KPI) die an der Spitze des Unternehmens eher finanzieller Art sind und sich mit zunehmender Nähe eines Bereichs zum Vertrieb stärker am Tagesgeschäft orientieren, erfüllt.

Die Geschäftsbereiche setzen sich längerfristige Ziele, die auf Benchmarks wie der Kapitalmarktrendite basieren. Alle Faktoren sind, ähnlich wie in einer Balanced Scorecard, zentrale Leistungsindikatoren wie Gewinne, Cashflows, relative Kosten, Kundenzufriedenheit oder Qualität. (1)

Die Kritiker zu Beyond Budgeting sagen, dass es sich eigentlich um keine Revolution handelt

Von Kritikern des Beyond Budgeting-Ansatzes wird angeführt, dass dieser nur alter Wein in neuen Schläuchen ist, der den Umsatz der Consultants und Seminaranbieter ankurbeln soll. Mehr als das Motto "Sei flexibel" stecke nicht dahinter und welcher Firmenchef sei heute noch so dumm, nur mit starren Budgets zu planen, statt sich auf verändernde Marktsituationen flexibel anzupassen? Ebenso sei das Postulat dezentraler Entscheidungen ein alter Hut. Unternehmen sollten nicht den Fehler begehen, blind, alle bewährten Planungswerkzeuge und konkreten Ziele über Bord zu werfen und vor lauter Dynamik die eigentliche Zielrichtung aus den Augen verlieren. Auch ein SAP als Vorzeigefirma der Beyond Budgeting-Philosophie mag seine Planung strikt an Renditevorgaben ausrichten. Nichtsdestotrotz braucht man Budgets, wie flexibel diese auch gehandhabt werden, um diese Vorgaben zu erfüllen. Zwar ist es richtig, dass den Geschäftsleitungen von Controlling-Seite immer stärker der Spiegel vorgehalten werden müsse, da die Zeiten des kurzfristig orientierten Shareholder-Value-Ansatzes vorbei seien. Denn Profite lassen sich nicht auf Dauer unabhängig von den Konjunkturzyklen maximieren. Dieses hat aber nichts mit Beyond Budgeting zu tun. Beyond Budgeting ist nichts weiter als ein plakatives Etikett für eine Reihe bewährter Controller-Tugenden wie flexible Anpassung der Budgets, vorausschauende und dezentrale Planung oder Profitcenter-Strukturen.

(3)

Voraussetzungen, um auf herkömmliches Budgetieren zu verzichten und auf Beyond Budgeting umzusteigen, sind:
- Eine flexible Planung mit rollierenden Prognosen
- Eine komprmisslose Dezentralisierung
- Ein höchst effizientes Informationssystem
- Eine neue Form der Leistungsbewertung, die Manipulationen des Systems unnötig macht. (1)

Fallbeispiele

Der Arbeitsalltag in Unternehmen wie dem inzwischen bankrotten Worldcom wurde durch gnadenlose Forderungen des Vorstands beherrscht. Der strikte Budgetkontrollprozess versorgte nur diejenigen mit Informationen, die sie angeblich benötigten. Somit wurde der Informationsaustausch, für angemessene Reaktionen auf sich ändernde Marktbedingungen solange blockiert, bis es zu spät ist. (1)

Beim Schweizer Finanzdienstleister UBS verzichtet man nicht gänzlich auf Budgets, aber man hat die diesbezügliche Kommunikationspolitik geändert, indem man sich nur auf das Erreichen weniger finanzieller Ziele festlegt. Zu viele finanzielle Ziele sind gemäß den Erfahrungen eher kontraproduktiv, weil sie zu kurzfristigem Handeln zwingen, um die eigene Glaubwürdigkeit zu wahren. Der Schwerpunkt der Arbeit bei UBS verlagert sich vom Erfüllen kurzfristiger Versprechen hin zu dem jährlichen Verbessern der eigenen Wettbewerbsposition. Daher sind die Aktien von UBS auch weitaus weniger volatil als von anderen vergleichbaren Anbietern. (1)

Die dänische Petrochemie-Firma Borealis hat sich als langfristige zu erreichende Ziele eine 30-prozentige Senkung der Fixkosten innerhalb von fünf Jahren und eine Verringerung des Zeitverlustes bei Unfällen in Werken gesetzt. (1)

Allerdings hat Borealis auch schon schlechte Erfahrungen mit dieser neuen Art des Budgetierens gemacht. Nach der Übernahme der österreichischen Firma PCD im Jahre 1998 hat dieser Standort nach den Vorgaben des Mutterunternehmens den Großteil des Geschäfts auf Beyond Budgeting umgestellt. Die Kosten sind seitdem gestiegen und haben sich auch im Vergleich zum Wettbewerb erheblich verschlechtert. (4)

Ein Paradebeispiel für Beyond Budgeting ist die

schwedische Bank Svenska Handelsbanken. Schon 1970 wurden hier die Budgets eliminiert, mit dem Resultat, dass die Renditen der Konkurrenz regelmäßig deutlich übertroffen wurden. Sogar im schlechten Bankenjahr 2002 erwirtschaftete die Bank noch eine Eigenkapitalrendite von 15 Prozent. Die Geschäftsverantwortung liegt dezentral in den Filialen der Bank. Diese als Profit Center arbeitenden ergebnisverantwortlichen Geschäftseinheiten bekommen Ziele, die im Vergleich zu den Wettbewerbern ermittelt werden. Die Kontrolle wird nicht durch die Controller, sondern durch die Manager und Mitarbeiter vor Ort sichergestellt. (4)

Der schwedische Großhändler Ahlsell hat schon 1995 die Budgetierung abgeschafft. Vor Einführung des Beyond Budgeting-Ansatzes gab es 14 eingeständige Einheiten, inzwischen (auch nach zahlreichen Übernahmen) sind dieses über 200. Alle Einheiten operieren als eigenständige Profit-Center und stehen in einem scharfen Wettbewerb miteinander. Von der Unternehmensleitung werden nur allgemeine Ziele wie etwa das, innerhalb von zwei Jahren Marktführer bei Elektroartikeln zu werden, mitgeteilt. Alle eigenständigen Einheiten dürfen ihre eigenen Methoden entwickeln und anwenden, um auf die individuellen Belange ihrer Kunden und ihres Umfeldes zu reagieren. Die Mitarbeiterfluktuation liegt unter fünf Prozent im Jahr.

Bevor das System eingeführt wurde, überwachte das Management weder die Rentabilität einzelner Kundenkonten, noch wurde geprüft, was es kostete, neue Kunden zu gewinnen. Das Management interessierte sich nur für den Verkauf an sich, Verkäufer wurden für den Absatz von Produkten bezahlt. (1)

Die virtuelle Messe www.business-intelligence-expo.de beschreibt in ihrem August-Special ausführlich die neuesten Anforderungen an flexible Planungs- und Budgetierungswerkzeuge, die das Managementkonzept "Beyond Budgeting" unterstützen. (5)

Weiterführende Literatur

(1) Hope, Jeremy, Fraser, Robin, Mehr Erfolg ohne Budgets, Harvard Business Manager, Nr. 5, Seite 73
aus Impulse vom 01.08.2003, Seite 54

(2) Kerr, Steve, Zahlen haben kurze Beine, Harvard Business Manager, Nr. 4, Seite 96
aus Impulse vom 01.08.2003, Seite 54

(3) Dilemma der Controller Brauchen wir Erbsenzähler? Controller pflegen das Bild vom unternehmerisch denkenden Strategen - aber gerade jetzt scheinen die Firmen eher den rigiden

Sparkommissar zu bevorzugen. Über Auswege sprach impulse mit Wolfgang Berger-Vogel, Chef des Internationalen Controller Vereins ICV.
aus Impulse vom 01.08.2003, Seite 54

(4) Weniger budgetieren, aber besser
aus Frankfurter Allgemeine Zeitung, 02.06.2003, Nr. 126, S. 19

(5) "Beyond Budgeting": Auf Markttrends flexibler reagieren
aus ProFirma, Heft 08/2003, S. 6

Impressum

Budgetieren ohne Budget - Beyond Budgeting

Bibliografische Information der deutschen Nationalbibliothek

Die Deutsche Nationalbibliothek verzeichnet diese Publikation in der deutschen Nationalbibliografie; detaillierte bibliografische Daten sind im Internet über http://dnb.d-nb.de abrufbar.

ISBN: 978-3-7379-0001-0

© 2015 GBI-Genios Deutsche Wirtschaftsdatenbank GmbH, Freischützstraße 96, 81927 München, www.genios.de

Alle Rechte vorbehalten. Dieses Werk ist einschließlich aller seiner Teile – z.B. Texte, Tabellen und Grafiken - urheberrechtlich geschützt. Jede Verwertung außerhalb der Grenzen des Urheberrechtsgesetzes bedarf der vorherigen Zustimmung des Verlags. Dies gilt insbesondere auch für auszugsweise Nachdrucke, fotomechanische Vervielfältigungen (Fotokopie/Mikroskopie), Übersetzungen, Auswertungen durch Datenbanken oder ähnliche Einrichtungen und die Einspeicherung und Verarbeitung in elektronischen Systemen.